I0566928

SABIDŪRÍA
PARA VIVIR EN EL REINO

Sabiduría Para Vivir En El Reino
Copyright © 2024 by Ayana Bernard
All Rights Reserved. No part of this book may be reproduced or transmitted in any form or by any means, electronically or mechanically, including photocopying, recording or by an information storage and retrieval system without permission in writing from the author of this book. This is a computer-generated text set in Times New Roman. This is a work of fiction. All characters and situations are imaginary. Any resemblance to persons living or dead, or to actual places and events, is purely coincidental.

PRIMERA EDICIÓN
Publicado en Agosto 2024

Y.Λ.M. MEDIΛ
YANNI AYANA MEDIA, LLC
www.YanniAyana.com

ISBN: 979-8-9864151-5-4

Library of Congress Registro
Ayana, Yanni
Sabiduría Para Vivir En El Reino
Registration Number: TXu 2-435-780 | June, 2024

Categoría: Vida Cristiana

Library of Congress Cataloging-in-Publication Data

Autora: Yanni Ayana Media, LLC |
YAM.Books@outlook.com

Diseño y maquetación de la portada: Eli Blyden Sr. |
www.EliTheBookGuy.com

Impreso en el United States of America by: A&A
Printing & Publishing | www.PrintShopCentral.com

AGRADECIMIENTOS

Te agradezco DIOS por darme la gracia, la habilidad y el coraje para escribir libros sobre el mensaje del reino de Dios en la tierra.

También me gustaría dar las gracias a mi madre Maria Morrison, por su amor, tiempo, aliento y apoyo en todos mis esfuerzos.

Gracias a mi padre Michael Bernard, mi maravillosa hermana la Dra. Alicia Francois, el tío Trevor, Tina, y los pastores Daniel y Sabrina Mangrum por su amor para mí a través de los años.

Un agradecimiento especial a mis pastores Gary y Patricia Newton por su amor, apoyo y por enseñarme fielmente el mensaje del reino de Dios en cada sermón.

También me gustaría agradecer a mi amorosa familia, líderes y amigos.

¡Gracias a todos por su apoyo, y oraciones! Significan más para mí de lo que ustedes nunca sabrán.

¡Que Dios los bendiga!
–Yanni Ayana

ÍNDICE

SABIDURÍA

PARA VIVIR EN EL REINO

Escrito por: YANNI AYANA

INTRODUCCIÓN

"Sabiduría para vivir en el Reino" es un libro breve y sencillo cuyo propósito es proporcionar una comprensión del mensaje del reino de Dios que Jesús predicó a lo largo de su ministerio en la tierra. Espero que te dé una mejor comprensión de la importancia de conocer tu identidad como hijo de Dios, el poder disponible para ti a través de tu fe, y una visión de cómo llegar a ser más estable en tu relación con Dios y con los demás. Es mi oración que recibas sabiduría y apliques estas lecciones del reino para mejorar tu calidad de vida en general.

Vivir un estilo de vida del reino requiere una nueva mentalidad, disposición a creer, obedecer y estar de acuerdo con las enseñanzas de Jesús.

A medida que comiences a entender Su Palabra, tu fe crecerá, y podrás experimentar el amor de Dios y las promesas compartidas en Su Palabra como Su hijo amado. Jesús predicó el evangelio del reino de Dios. Debemos seguir Su ejemplo, y enseñanzas dentro de nuestras propias vidas. ¡Que el conocimiento compartido en este libro, traiga revelación y transformación mientras sometes tu voluntad a Dios y experimentas los beneficios de vivir una vida del reino!

Eres importante en el plan de redención de Dios. Él desea reposicionarte en el lugar que te corresponde como Su hijo amado y expandir Su reino en la tierra a través de una relación amorosa contigo.

¡Dios te bendiga y gracias por leer este libro!

– Yanni Ayana

INFLUENCIA

*"No te adaptes a la energía
de la sala. Influye en la energía
de la sala".*
— Desconocido

Cuando Dios te creó, Él te diseñó y te hizo con un propósito. A través de tu relación con Él, descubrirás quién eres y cómo utilizar tus dones.

En una relación con el Señor, la comunicación y el amor van en ambos sentidos. Cuando tu relación con Dios es fuerte, Su influencia crece en tu vida. La influencia de Dios tiene efectos transformadores. Su amor toca cada área de tu ser. El amor de Dios y Su palabra pueden transformar tu carácter, personalidad y comportamiento a través de tu fe y amor por Él.

Dios debe ser la más alta prioridad en tu vida. Es importante desear Su Voluntad, por encima de la tuya. La obediencia a Su Palabra te ayudará a mantenerse en una posición correcta en su relación con Él. Tu relación de amor con el Señor no sólo te transformará, sino que tocará a cada persona en tu vida.

Dios ha puesto gente en tu vida porque tienes algo que ofrecer. Tú eres único. Tienes algo que dar. Tienes un propósito y eres poderoso. La presencia de Dios en tu vida, te hace impactante y te da una tremenda influencia donde quiera que vayas. Dios y Tú son un equipo. El quiere compartir Su amor por otros a través de los dones, talentos y personalidad que El te ha otorgado. Su propósito es primero transformarte con Su Palabra, luego usar este conocimiento para expandir Su reino, a través de tu Luz.

TÚ ERES LA RESPUESTA

Todo lo que Dios hace tiene un propósito. Cuando Dios te hizo, te diseñó para satisfacer una necesidad.

Tú es la respuesta a un problema. Tu personalidad, tus intereses, tus dones y los temas que te entusiasman son pistas del plan que Dios ha diseñado para ti.

Dios es omnipotente (todo lo sabe) ¡Es importante recordar que a través de Cristo Jesús, ustedes son hijos e hijas de Dios! Tienen el Espíritu Santo dentro de ustedes. Así que, cada vez que te enfrentes a un desafío, ¡quédate quieto y escucha Su voz! Él te hablará y te dotará de sabiduría.

Proverbios 3:5-6 *"Fíate de Jehová de todo tu corazón, y no te apoyes en tu propia prudencia. ⁶ Reconócelo en todos tus caminos, y él enderezará tus sendas"*

Así que, cada vez que te enfrentes a un problema, cree que Dios es tu Libertador. ¡Usa tu fe en Cristo Jesús, para orar y recibir respuestas y dirección! ¡Dios quiere expandir tu influencia en tu ambiente para Su reino! Él desea que camines en Su favor y consejo en cada área de tu vida. Depende de Dios. Confía en Él. ¡Él quiere ayudarte! El quiere darte las soluciones, para ayudarte a navegar victoriosamente a través de esta vida. Jesús dijo que le pidas lo que necesites.

Mateo 7:7-8 (RV), *"Pedid, y se os dará..."*

Santiago 4:2 (RV), *"... no tenéis, porque no pedís"*.

¡Dios te ha hecho capaz y competente! ¡No te doblegues ante el miedo, la ansiedad y las palabras negativas que vienen a atacar tu confianza! Ten fe en Dios.

Dios te ha colocado en tu entorno por una razón. Estás en una misión para Él. Él quiere traer respuestas a través de ti, mientras confías en Él. Recuerda cada vez que te enfrentes a un problema que eres la respuesta y un vencedor.

USA LA SABIDURÍA

Santiago 1:5 (RVR1960), *"Si alguno de vosotros tiene falta de sabiduría, pídala a Dios, que da a todos abundantemente y sin reproche, y le será dada".*

Proverbios 15:33 (RVR1960*), "El temor del Señor es la instrucción de la sabiduría; y antes de la honra está la humildad.*

La sabiduría espiritual te ayuda a discernir un asunto. Te da la capacidad de juzgar y evaluar una situación y saber cuál es el mejor curso de acción en ese momento. La sabiduría no te hace engreído, porque requiere humildad y sumisión a Dios, ¡para recibirla!

Cuando la sabiduría de Dios se manifiesta, ¡aumenta tu influencia en todo lo que haces! Obtendrás resultados ganadores y serás una bendición para todos los que se relacionen contigo. La sabiduría te ayuda a reconocer la importancia del momento oportuno, y cómo aplicar la inteligencia emocional a las relaciones.

La Biblia comparte que hay sabiduría del reino y sabiduría carnal. La sabiduria carnal cosechará rasgos tóxicos de celos, egoísmo, y conflictos con otros.

Santiago 3:13-17 (RVR1960),
"¿Quién es entre vosotros sabio y dotado de ciencia? Que muestre sus obras con mansedumbre de sabiduría.
Pero si tenéis amargas envidias y contiendas en vuestros corazones, no os gloriéis, ni mintáis contra la verdad. Esta sabiduría no desciende de lo alto, sino que es terrenal, sensual, diabólica.

*Porque donde hay envidia y
contienda, allí hay confusión y
toda obra perversa.
Pero la sabiduría que es de lo alto
es primeramente pura, después
pacífica, amable, benigna, llena de
misericordia y de buenos frutos,
sin parcialidad y sin hipocresía".*

Todas las relaciones son importantes para Dios. Él te diseñó para que lo necesites como tu Fuente. Recibe Su amor, y luego compártelo con otros.

Proverbios 11:30 (RVR1960), *"El
fruto del justo es árbol de vida; y
el que gana almas es sabio".*

Dios quiere expandir Su reino, ¡alcanzar a más de Sus hijos con Su amor a través de ti! Él sabe que las relaciones con los demás pueden ser increíblemente desafiantes en nuestra vida diaria. ¡Nadie es perfecto!

Toda relación requiere perdón. El perdón es necesario para que ambas personas involucradas sanen y crezcan. Sólo Dios puede ayudarte a caminar en amor hacia los demás. Pídele a Dios sabiduría hoy y recíbela por fe.

TENLO EN CUENTA

¿Con qué información alimenta su mente regularmente? Ten en cuenta que cualquier información que recibas, ya sea verbal o visual, moldea tus valores, tu personalidad y tu sistema de creencias.

La información se recibe observando y escuchando. El contenido que recibes repetidamente se aloja en tu mente subconsciente y se manifiesta en tus hábitos, valores, creencias y comportamiento. La mente subconsciente tiene incrustada información que ha sido acumulada y almacenada durante largos periodos de tiempo. Tu mente retiene creencias acerca de ti mismo, Dios, relaciones, e inventa conclusiones acerca de la vida basadas en tus experiencias.

Dios desea que renueves tu mente subconsciente.

Romanos 12:2 (RVR1960), *"Y no os conforméis a este siglo, sino transformaos por medio de la renovación de vuestro entendimiento, para que comprobéis cuál sea la buena voluntad de Dios, agradable y perfecta".*

Para que cumplas tu propósito en Él, necesitaras reemplazar la vieja información, con Su Palabra, moral y valores. Cuando decidas cambiar tu mente y llenarla con la Palabra de Dios, tu intimidad con Dios se desarrollará. La oración, las enseñanzas bíblicas y la adoración le ayudarán a tomar más decisiones y hacer elecciones que estén de acuerdo con Su Palabra. Aprenderáa a obedecer los impulsos del Espíritu Santo dentro de ti.

Entre más de acuerdo este con la Palabra de Dios, tu mente subconsciente será capaz de discernir ideas y pensamientos que son contrarios. Tomarás más decisiones para someterte a la Palabra de Dios, y esto manifestará cambios en tu comportamiento, emociones y caracter. Es importante estar consciente del tipo de información que permites en tu mente.

¡DIOS ME VE!

"Él invocó el nombre del Señor
que le hablaba, Tú, Dios, me ves".
— Génesis 16:13 (RVR1960)

¡La vida es tan ajetreada! Es fácil sentirse solo e invisible. Muchas personas sufren en silencio, porque no tienen a nadie con quien compartir sus pensamientos y sentimientos. Parece como si a nadie le importara o los entendiera. Siempre que te sientas solo recuerda EL ROI- ¡El Dios que ve! Dios te ve y se preocupa por todo lo que te preocupa. El sabe donde te duele. Él ve tus lágrimas silenciosas y escucha tus gritos internos de frustración.

Él conoce los momentos en los que te sientes devaluado e insignificante. Él te sanará y te consolará.

Juan 14:18 (RVR1960), *"No os dejaré sin consuelo; vendré a vosotros": Yo vendré a ti".*

2 Corintios 1:4 (RVR1960), *"(Dios) que nos consuela en todas nuestras tribulaciones, para que podamos consolar a los que están en cualquier tribulación, por el consuelo con que nosotros mismos somos consolados por Dios".*

Cuando tu corazón esté abrumado, ¡recuerda que tienes toda la atención de Dios! Eres Su hijo, Su amado. Humíllate, acude a Dios en oración, comparte con Él y recibe Su consuelo.

¡DIOS TE VE! EL ROI- el DIOS Que Me Ve

FUERZA

La vida está llena de altibajos; cada día es desconocido. Nunca sabes lo que va a pasar: una llamada de teléfono, un mensaje de texto o un acontecimiento pueden cambiar tu vida para siempre. Necesitas fuerza para soportar retos o transiciones difíciles, en momentos en los que estás débil, lleno de pena e inseguro sobre qué hacer. Acude a Dios y pídele fortaleza.

Salmos 46:1 (NVI), *"Dios es nuestro refugio y fortaleza, un auxilio siempre presente en la angustia".*

Cuando haya tareas que te atemoricen, confía en que Dios te ayudará.

Isaías 41:10, (RVR1960),
*"No temas, porque yo estoy
contigo; no desmayes, porque yo
soy tu Dios: Yo te fortaleceré; sí,
yo te ayudaré; sí, yo te sostendré
con la diestra de mi justicia".*

¡El Señor Dios es tu paz! Él te cubrirá en Su paz cuando te enfoques y confíes en Él.

Juan 14:27 (NVI), *"La paz os
dejo; mi paz os doy. No os la doy
como el mundo la da. No se turbe
vuestro corazón ni tenga miedo".*

Si luchas con problemas de confianza y abandono, por favor cree y ten en cuenta que el Señor no te abandonará. El Señor no te fallará.

Hebreos 13:5, *"...porque Él [Dios]* [b]*mismo ha dicho: No os desampararé en ninguna manera, ni* [c]*os entregaré, ni os dejaré sin apoyo. [No te dejaré desamparado, ni te abandonaré, ni te dejaré caer.* [[g]*¡Ciertamente que no!]"*.

En tu relación con el Señor, recuerda que Él está contigo y no te abandonará. Él es tu Fuente y tu capacidad. A través de tu fe en Jesucristo Su Hijo, tienes un pacto con tu Padre Celestial, ¡y Él está comprometido contigo! ¡Puedes confiarle a Dios tu vida!

La vida tendrá sus desafíos e incertidumbres, pero no tienes que ser fuerte por ti mismo. Acude a Dios, ¡Él te dará Su fuerza!

HABLA CONMIGO

Hay una canción de Anita Baker que me encanta. Se llama "¡Háblame!".

En la canción suplica a alguien que comparta su corazón con ella. Les pide que compartan lo que les preocupa, que no lo guarden bajo llave. Les suplica que se abran y compartan, para que pueda empezar la curación en su relación.

Cuando escucho esta canción, me acuerdo del corazón de Dios hacia sus hijos. Quiere que hables con Él. Él anhela que compartas tus alegrías, preocupaciones y experiencias de vida con Él diariamente. Dios quiere dialogar contigo. El Señor quiere una relación amorosa, abierta, honesta y sincera contigo. Dios quiere sanarte donde estás herido y roto. El quiere liberarte de la tortura de la ansiedad en tu vida que esta enraizada en el miedo.

> 1 Juan 4:18 (RVR1960), *"En el amor no hay temor, sino que el perfecto amor echa fuera el temor; porque el temor atormenta".*

Confía en Dios, elimina la duda, y Él permitirá que tu alma descanse en Su paz.

No vivas una vida aislada e independiente, cuando puedes tener una relación plena con el SEÑOR. Cuando recibiste la salvación a través de la fe en Jesucristo, ¡el Espíritu Santo vino a vivir dentro de ti! El Espíritu Santo es el Espíritu del Padre que vive en ti para ayudarte a realizar tu propósito divino en esta vida. ¡Dios quiere ayudarte! No tienes que ser independiente y resolver tus propios problemas o arreglar tus propios asuntos.

> Mateo 6:31-33, (RVR1960), *"Por tanto, no os afanéis en decir: ¿Qué comeremos, o qué beberemos, o con qué nos vestiremos? (Porque de todas estas cosas buscan los gentiles; porque vuestro Padre celestial sabe que tenéis necesidad de todas estas cosas.*
> *Mas buscad primeramente el reino de Dios y su justicia, y todas estas cosas os serán añadidas".*

> Mateo 11:28 (NVI) *Jesús dice: "Venid a mí todos los que estáis cansados y agobiados, y yo os haré descansar".*

Siempre que algo vaya mal, o cuando las cosas vayan bien en tu vida, ¡no dejes a Dios fuera! Comparte tu corazón con Él. Estate disponible para Él. Acuérdate de Él a lo largo del día. Acuérdate de Él cuando estés relajado. Acuérdate de Él cuando estés abrumado. Dios comparte contigo en tus pensamientos, sugerencias y a través de otras personas. Él quiere que te apoyes y dependas de Él en cada área de tu vida. ¡Él es el único que puede ayudarte a navegar por tu vida con Victoria! Dios te dice: "Por favor, *¡Habla Conmigo!*".

AMOR

*"Un mandamiento nuevo os doy:
Que os améis unos a otros; como
yo os he amado, que también os
améis unos a otros. En esto
conocerán todos que sois mis
discípulos, si tuviereis amor los
unos con los otros".*
– Juan 13:34-35 (RVR1960)

El amor es la cultura del reino de Dios. Dios es Amor. Es Su naturaleza, y debe ser nuestra naturaleza también, cuando caminamos como uno en Él. El amor es el atributo que nos distingue como hijos de Dios y es una necesidad común en los corazones de todas las personas.

Juan 13:35 (NVI), *"En esto conocerán todos que sois mis discípulos, si os amáis unos a otros".*

Dios te ama con un amor incondicional. El conocimiento de tu identidad en Él como Su hijo amado edificará tu autoestima. Cuando comiences a estar de acuerdo con El por fe acerca de quien eres en El, entonces crecerás para amarte y aceptarte como Su hijo o hija.

Jesús declaró en Mateo 22:37-39 (NVI), cuál es el primer y más grande mandamiento:

"Amarás al Señor tu Dios con todo tu corazón, con toda tu alma y con toda tu mente. Este es el primer y gran mandamiento. Y el segundo es semejante a éste: Amarás a tu prójimo como a ti mismo".

La habilidad de amar a otros como Dios nos ama, es la última demostración de tu nueva naturaleza en Cristo Jesús. Amar a los demás y perdonar las ofensas puede ser muy difícil. No siempre es fácil amar a las personas. No siempre son adorables, amables o respetuosas. Es sólo por nuestro deseo de agradar al Señor y hacer Su Voluntad que nos humillamos ante Él, y le pedimos ayuda para obedecer este gran mandamiento.

Dios sabe que no somos capaces de amar a los demás con un corazón puro sin Su guía. Él nos dio una lista de verificación en 1Corintios 13:1-7, que nos enseña cómo se comporta el amor y qué aspecto tiene en nuestra relación con los demás. Es una gran herramienta de medición para que examinemos nuestro camino de amor en cada relación de nuestras vidas. Necesitamos el poder de

Dios para amarlo con todo nuestro corazón, mente y fuerzas (lo que nos ayudará a obedecerlo), y practicar el amar a los demás genuinamente.

Caminar en amor no significa que seas crédulo, ingenuo, o que apoyes a otros siendo un facilitador. ¡Es una existencia miserable cuando eres un complaciente de la gente! Dios no quiere que seamos controlados, usados o engañados. No tienes que quedar atrapado en relaciones tóxicas y trampas manipuladoras. Cuando sometas tu vida a Dios, Él te dará sabiduría, y te ayudará a establecer límites saludables que pueden molestar a otros. Tendrás que mantener una postura fuerte y guardar tu corazón en medio del rechazo de los demás. Mantenerte consistente a través del drama y la ofensa te hará más fuerte. Te ayudará a ser más estable en tus emociones.

Dios recompensará tu obediencia, a medida que te animes a desarrollar relaciones sanas y no tóxicas en tu vida. Él te bendecirá con conexiones divinas a través de personas elegidas para ser una bendición en tu vida, y viceversa. Hay una cita alentadora que dice,

"¡Dios siempre te dará lo MEJOR, cuando le dejas las elecciones a ÉL!".

Tú eres el representante del amor de Dios. Si confías en Él para que te ayude, Él te dará el poder para tratar a todas las personas con respeto. No tienes que imponer tu fe, valores e ideas a la gente. Simplemente vive lo que crees. Vive tu vida para agradar a Dios y obedece la guía del Espíritu Santo. Mantén tu corazón puro ante Dios. Él te fortalecerá para que puedas caminar en amor con sabiduría.

1 Juan 4:20-21, *(RVR1960)*, *"Si alguno dice: Yo amo a Dios, y aborrece a su hermano, es mentiroso; porque el que no ama a su hermano a quien ha visto, ¿cómo puede amar a Dios a quien no ha visto?*
²¹ Y este mandamiento tenemos de él: Que el que ama a Dios, ame también a su hermano".

La gente siempre te observará, ¡para decidir dentro de sí mismos si tu amor es auténtico! Ellos llegarán a su propia conclusión sobre si quieren conectarse con la Luz dentro de ti. Mientras tanto, continúa manifestando AMOR.

RENDICIÓN

*"No eres una gota en el océano.
Eres el océano entero,
en una gota".*

– Rumi

Me encanta esta cita del poeta Rumi porque es un gran recordatorio de que todo lo relacionado con Dios habita en tu interior.

En tu relación con Dios, es fácil que pases mucho tiempo lamentándote por tus defectos y errores que has cometido en el camino de tu vida. Cuando te enfocas en estas cosas, hay una creencia subconsciente interna de que no llegarás a ser todo lo que Él desea que seas. Es importante saber que todo lo que Dios te ha creado para llegar a ser ya está dentro de ti. Él está comprometido a ayudarte en tu transformación de regreso a Su diseño y propósito original. Él completará la obra que ha comenzado dentro de ti.

> Filipenses 1:6 (RVR1960) *dice:*
> *"Estando seguro de esto mismo,*
> *que el que comenzó en vosotros la*
> *buena obra, la perfeccionará*
> *hasta el día de Jesucristo:"*

Tú estás hecho a imagen y semejanza de Dios. Eres Su hijo y descendiente en la tierra. A través de la sumisión a Su dirección, tendrás la habilidad de tener dominio propio (templanza) y caminar en dominio y autoridad en cada área de tu vida. La clave para vivir y manifestar el reino es la dependencia de Dios. Debes practicar ser siempre dependiente de Él, para tus necesidades y dirección. Dios es el mayor poder dentro de ti. Tu humildad permitirá que Su poder, influencia y sabiduría fluyan a través de ti.

> 1 Juan 4:4 (RVR1960), *"Vosotros sois de Dios, hijitos, ... mayor es el que está en vosotros, que el que está en el mundo".*

Ustedes han sido escogidos por Dios para compartir Su naturaleza, cultura y estilo de vida en la tierra. Tienes dentro de ti Su sabiduría, conocimiento y entendimiento a través de la fe en Su Hijo Jesucristo. Dios quiere ayudarte a cumplir Su voluntad en tu vida.

> En Juan 15:16 (NVI) *Jesús dijo: "Ustedes no me eligieron a mí, sino que yo los elegí a ustedes y los designé para que vayan y den fruto -fruto que perdure- y para que todo lo que pidan en mi nombre el Padre se los dé".*

Cada vez que te sientas indigno, incapaz, incompetente; ¡reconócete que Dios vive en ti! No estás tratando de ser el océano o de ser grande. ¡Tú eres el océano entero en una gota! Contienes dentro de ti a Dios mismo, y toda su grandeza y poder.

Como una gota aislada y separada de agua del oceano- eres limitado. Sin embargo, cuando la gota de agua del océano libera su independencia, se rinde, y se convierte en UNO con el océano - ¡nada es imposible de lograr! A medida que la gota se reconecta con el océano, ya no puede ser encontrada como una gota sola. Ya no tiene identidad individual. Es consumida por el océano y fluye al unísono con él.

Cuida y construye tu relación con el Señor. Comunícate, da prioridad a tu tiempo íntimo con Él. Ten en cuenta que

Cristo vive en ti y que tiene acceso a todo lo que Él es. Cristo es todo lo que necesitas. Ya no tienes que sentirte como una gota aislada. Libérate en el océano, que es la presencia de Dios, y serás más consciente de Dios. No hay límites en Dios, y cuando eres Uno con Él no hay límites dentro de ti. Jesús oró en Juan 17:21 (RVR1960),

> *21 "Que todos sean uno; como tú, Padre, en mí, y yo en ti, que también ellos sean UNO en NOSOTROS; para que el mundo crea que tú me enviaste".*

Ustedes son hijos, hijas de la familia real de Dios a través de su fe en Jesucristo. ¡Cree y concuerda con quien Dios dice que eres! Abandona la idea de cambiarte a ti mismo y de confiar en tus propias habilidades. Entrega tu vida a Dios y depende de Él en cada área de tu vida. Permite que la Voluntad del Señor se cumpla en tu vida diaria. Ten presente que Él siempre está contigo y desea fluir a través de ti.

Conviértete en UNO con Dios y
no vivas más independientemente.

Conviértete en "Uno con el océano
y ya no solo una gota".

Entrégate y enamórate del Señor.

NATURALEZA JUSTA

Romanos 5:19 (RVR1960)
"Porque así como por la desobediencia de un hombre los muchos fueron constituidos pecadores, así también por la obediencia de UNO los muchos serán constituidos justos".

Romanos 14:17 (RVR1960)
"Porque el reino de Dios no es comida ni bebida, sino justicia, paz y gozo en el Espíritu Santo".

Naturaleza: "Las cualidades innatas o esenciales de una persona". ¿Sabías que cuando recibes a Jesucristo como tu Señor y Salvador también recibes Su naturaleza justa?

Cuando Adán pecó en el jardín del Edén, toda la humanidad recibió automáticamente una naturaleza pecaminosa porque ya no estaba sometida bajo el Espíritu de Dios. Cuando

Jesús murió en la cruz, Él pagó por todos los pecados pasados, presentes y futuros con Su santa sangre. En Su resurrección, Él le dio a toda la humanidad Su naturaleza justa automáticamente.

> Romanos 5:19 *"Porque así como por la desobediencia de uno solo los muchos fueron constituidos pecadores, así también por la obediencia de uno solo los muchos serán constituidos justos".*

Todos los que reciben a Jesucristo como su Señor y Salvador están ahora sometidos a Dios y reciben Su regalo de justicia. La justicia es estar en una posición correcta con Dios. La justicia de Cristo nos da poder para caminar en el dominio y autoridad que Dios originalmente quiso para nosotros en cada área de nuestras vidas.

Génesis 1:26 (RVR1960), *"Y dijo Dios: Hagamos al hombre a nuestra imagen, conforme a nuestra semejanza; y señoree en los peces del mar, en las aves de los cielos, en las bestias, en toda la tierra, y en todo animal que se arrastra sobre la tierra".*

Lucas 10:19 (RVR1960) *Jesús compartió, "He aquí, os doy potestad de hollar serpientes y escorpiones, y sobre toda fuerza del enemigo; y nada os dañará".*

Cuando cometas errores, restablécete rápidamente a la posición correcta con Dios. Usa tu fe para creer en la escritura, 1 Juan 1:9 (RVR1960), *"Si confesamos nuestros pecados, Él (Cristo Jesús) es fiel y justo para perdonar nuestros pecados, y limpiarnos de toda maldad".*

Romanos 8:1 (AMPC), *"Por lo tanto, [no hay] ahora ninguna condenación (ninguna adjudicación culpable de mal) para los que están en Cristo Jesús, que viven [y] no andan según los dictados de la carne, sino según los dictados del Espíritu".*

Confiesa tus pecados a Dios en oración y arrepiéntete de las acciones equivocadas. Arrepentirse significa cambiar de opinión sobre el pecado y estar de acuerdo con Dios en Su postura sobre el asunto. Dios entonces te ayudará a superar tu vieja mentalidad y comportamientos. Antes de que te des cuenta, serás testigo de tu propia victoria sobre los viejos hábitos y comportamientos. Manifestarás tu naturaleza justa, tu posición correcta en

Cristo, ¡y caminarás en victoria en cada área de tu vida!

> 2 Corintios 5:17 (RVR1960) *"De modo que si alguno está en Cristo, nueva criatura es; las cosas viejas pasaron; he aquí todas son hechas nuevas".*

> 2 Corintios 5:21 (AMPC) *"A Cristo, que no conoció pecado, (Dios) lo hizo [judicialmente] pecado por nosotros, para que en Él llegáramos a ser justicia de Dios (es decir, seríamos hechos aceptables a Él y colocados en una relación correcta con Él por Su misericordiosa bondad)".*

No te avergüences más de tus fracasos pasados o recientes. Recuerda arrepentirte, levantarte y revestirte de la justicia de Cristo por la fe. ¡Disfruta de tu relación con el Señor!

EMBAJADOR DEL REINO

Embajador: "Un diplomático acreditado enviado por un país como su representante oficial a un país extranjero".

2 Corintios 5:20 (NVI), *"Somos, pues, embajadores de Cristo, como si Dios hiciera su llamamiento por medio de nosotros. Os lo imploramos en nombre de Cristo: Reconciliaos con Dios".*

Los embajadores son agentes diplomáticos seleccionados por el rey o un funcionario de su gobierno. Deben representar la cultura de su gobierno, el estilo de vida y la naturaleza del rey, en otro territorio o país. Como embajador del reino de los cielos, debes influenciar a las personas de su entorno siendo un ejemplo vivo de las normas morales, y creencias del reino de Dios.

Cielo es el nombre del reino de Dios. Dios es un Rey soberano. Dios quiere que Sus hijos tengan dominio y autoridad en la tierra. La tierra es una colonia del reino de los cielos. Un reino es un gobierno. Él quiere que Su reino se establezca en la tierra, a través de una relación amorosa con Sus hijos.

Jesús vino a reconciliarnos con Dios y con Su reino. Las escrituras en el libro de Isaías y Mateo anuncian la venida y el propósito de Jesús.

Isaías 9:6 (NVI), *"Porque un niño nos ha nacido,*
hijo nos es dado, y el principado sobre sus hombros".

Mateo 4:17 (RV), *"Desde entonces comenzó Jesús a predicar y a decir: Arrepentíos, porque el reino de los cielos se ha acercado".*

En Lucas 4:43 (NVI), *Jesús declaró su propósito e intención. Pero él (Jesús) dijo: "Tengo que anunciar la buena noticia del reino de Dios también a las otras ciudades, porque para eso fui enviado".*

La Tierra es una colonia del reino de los Cielos. Dios quiere que Sus hijos tengan dominio y autoridad en la tierra, como Él gobierna Su reino en el cielo. Él quiere que Su reino se establezca en la tierra, a través de una relación amorosa contigo.

Como diplomáticos elegidos del rey de Dios, debemos dar prioridad a nuestra relación con el Señor. Leyendo la Biblia y obedeciendo Su Palabra cumplirás tu propósito divino. Dios quiere expresar Su amor por los demás a través de Su relación contigo.

Cuando mantienes a Dios en primer lugar, Él estará contigo, ¡y cuidará de ti! No hay carencia en Su reino.

Mateo 6:31-33 (RV), *"Por tanto, no se afanen en decir: ¿Qué comeremos? ¿Qué beberemos? ¿O con qué nos vestiremos? (Porque de todas estas cosas buscan los gentiles; pues vuestro Padre celestial sabe que tenéis necesidad de todas estas cosas. Mas buscad primeramente el reino de Dios y su justicia, y todas estas cosas os serán añadidas".*

Dios te ha elegido. Tu vida tiene un propósito. Como representantes de nuestro

Rey y Padre celestial, debes estar de acuerdo con Su Palabra como la autoridad final y el poder gobernante sobre cada área de tu vida. Dios te ha equipado con dones, talentos y todo lo que necesitas para la tarea que te ha sido asignada aquí en la tierra. Recuerden siempre que ustedes son los Embajadores del Reino de Cristo.

CIUDADANÍA DEL REINO

Efesios 2:18-20 (NVI), "Porque por medio de él (Jesucristo) los dos tenemos acceso al Padre por un mismo Espíritu. En consecuencia, ya no sois extranjeros ni forasteros, sino conciudadanos del pueblo de Dios y también miembros de su casa".

Todos los días, en los medios de comunicación, se oye hablar de personas que emigran a países más ricos con la esperanza de experimentar una mejor calidad de vida. Sin embargo, para recibir los derechos y beneficios de ese país, su gobierno debe aprobar su residencia y, si procede, puede ofrecer la oportunidad de obtener la ciudadanía.

"Ciudadanía: relación entre un individuo y un Estado al que el individuo debe lealtad y, a su vez, tiene derecho a su protección. La ciudadanía es la forma más privilegiada de nacionalidad. Proporciona otros privilegios, en particular protección en el extranjero. La ciudadanía implica el estatus de libertad con las responsabilidades que conlleva".

– Britannica.com

La escritura Efesios 2:19 (NVI), explica que somos ciudadanos del reino de los cielos, y miembros de la familia de la casa de Dios. Somos hijos e hijas de Dios a través de nuestra fe en Jesucristo, y a través de nuestra obediencia intencional al Espíritu Santo.

Romanos 8:14 (NVI), *"Porque los que son guiados por el Espíritu de Dios son hijos de Dios".*

Todos los ciudadanos deben adherirse a las leyes de su gobierno. La Palabra de Dios (Santa Biblia) es la constitución del reino de Dios. Debes estudiarla para conocer las intenciones y expectativas de Dios. Cuando Cristo cumplió la ley, te dio Su justicia, el Espíritu Santo, y acceso a los derechos y beneficios del reino de los cielos. Dios quiere que ustedes tengan gobierno. Tus derechos como ciudadanos te dan la autoridad para hacer Su voluntad en la tierra a través de Jesucristo.

Tú también puedes renunciar a tus derechos y beneficios a través de la desobediencia o ignorancia de la Palabra. Para cosechar la recompensa de la ciudadanía, ¡debes conocer tus derechos! Si no eres consciente de lo que te pertenece como hijo de Dios, y ciudadano de Su reino, siempre vivirás por debajo de las normas que te han sido legadas.

Por eso el enemigo quiere que vivas en la ignorancia, por no leer, entender la Palabra de Dios, y por recibir enseñanzas erróneas.

Oseas 4:6 (RVR1960), *"Mi pueblo es destruido por falta de conocimiento..."*

Proverbios 4:7 (RVR1960), *"... con todo tu empeño adquiere entendimiento".*

Comunidad

Los derechos y privilegios de la ciudadanía no son para que te vuelvas egoísta o te aísles. En el reino de Dios, hay mancomunidad, y todos los ciudadanos deben tener una mentalidad de amor y comunidad preocupándose por los demás. En el reino de Dios, el mayor mandamiento es amar a Dios, a uno mismo y a los demás.

> Mateo 22:36-40 (RVR1960),
> *"Maestro, ¿cuál es el mandamiento más grande en la ley?*
> *Jesús le dijo: Amarás al Señor tu Dios con todo tu corazón, con toda tu alma y con toda tu mente.*
> *Este es el primero y el gran mandamiento.*
> *Y el segundo es semejante a éste: Amarás a tu prójimo como a ti mismo.*
> De estos dos mandamientos depende toda la ley y los profetas".

Es tu amor a Dios lo que te motivará a obedecer Su Palabra, incluso cuando otros no estén de acuerdo contigo. Una relación íntima con el Señor abrirá tu corazón para amar a los demás como te amas a ti mismo. Cuanto más reconozcas Su gran amor por ti, más fácil te resultará amar a los demás.

No debemos vivir independientemente de Él, sino depender del Rey para todas nuestras necesidades. Como se dice en Efesios 2:19 (NVI), somos de la "casa" de Dios. El reino de Dios funciona como una comunidad. Como creyentes en Cristo Jesús, tenemos una unión común con otros como hermanos, y con Dios como nuestro Padre celestial.

Como ciudadanos, e hijos de Dios, debemos mantenerlo a Él primero, y obedecer Su dirección en cada área de nuestras vidas. La obediencia te permitirá experimentar la plenitud de la protección, los derechos, los beneficios y la gracia de Dios. Cuando mantenemos a Dios primero, y permanecemos en continua comunión con Él, todo lo que te pertenece en el reino de Dios, se manifestará en tu vida diaria.

Recibir

Si no has recibido a Jesucristo como tu Señor y Salvador, puedes entregarle tu vida hoy con una simple oración de fe.

Romanos 10:9-10 (RVR1960),
"Que si confesares con tu boca que Jesús es el Señor, y creyeres en tu corazón que Dios le levantó de los muertos, serás salvo".

El trabajo del creyente no es consumirse con obras ocupadas para Dios. Es más importante buscar Su dirección, obedecerle y tener fe en Su Hijo Jesucristo.

Juan 6:29 (RVR1960),
"Respondió Jesús y les dijo: Esta

es la obra de Dios, que creáis en el que él ha enviado".

Romanos 10:10-13 (RVR1960) continua *"Porque con el corazón se cree para justicia, pero con la boca se confiesa para salvación. Porque la Escritura dice: Todo aquel que en él creyere, no será avergonzado.*
Porque no hay diferencia entre judío y griego, pues el mismo Señor de todos es rico para con todos los que le invocan.
Porque todo aquel que invocare el nombre del Señor, será salvo".

Cuando recibas a Jesucristo como tu Señor y Salvador, ora para recibir los dones del Espíritu Santo de Dios en tu corazón. Él te ayudará a guiarte en toda la Verdad. El Espíritu Santo te dará acceso a Dios nuestro Padre a través de tu fe en Su Hijo Jesucristo. ¡Alégrate! El Rey

Todopoderoso te ha escogido para ser parte de Su reino perfecto.

Dios te será fiel todos tus días, mientras te propongas ser obediente y fiel a Él. ¡Obtén tu ciudadanía al único gobierno perfecto que existe! En este reino, ¡el Dios Altísimo es tu Padre y Rey celestial! Renueva tu mente, y usa tu fe, para recibir tus derechos, protección, y asistencia gubernamental del reino de Dios ¡hoy!

CIUDADANÍA DEL REINO

"Es importante amar a los demás.
En el reino de Dios,
¡hay que pensar en la comunidad!
Hay que preocuparse por los
demás".
— Christine Bland-Millard

REFERENCIAS

– Santa Biblia
– www.BibleGateway.com
– www.Google.com
– www.Britannica.com

OTROS LIBROS DE
YANNI AYANA

Y.A.M. MEDIA

YANNI AYANA MEDIA, LLC
www.YanniAyana.com

- ¿Tienes anhelo de sabiduría e inspiración?

- ¿Quieres aprender a aplicar la Palabra de Dios en tu vida diaria?

- ¿Quieres saber cómo manejar los desafíos diarios?

Entonces este libro
Sabiduría *para la* vida diaria
es para ti!

Dios quiere que disfrutes tu vida en Él. Tu relación con Dios no debe ser una carga. "Sabiduría para la vida diaria" está diseñado para ayudarte a pensar, vivir y aprender a aplicar la sabiduría bíblica en tu caminar diario con Dios.

Cuando te traiciona alguien a quien amas, ¿perdonas la ofensa para darle otra oportunidad?

* * *

El rey Sequoia, Coast y Don del reino de los árboles eternos, Arbol, se ven obligados a enfrentarse a los diabólicos planes de un influyente líder llamado, Jaccard.

Los celos de Jaccard por el poder y la autoridad del Rey Sequoia han llevado a la sedición.

El denunciado Jaccard, ahora llamado KUDZU apunta su venganza a lo más querido por el corazón del Rey Sequoia.

* * *

¿Cuál es la profundidad del amor del rey Sequoia por los infieles?

¿El plan de venganza de KUDZU le dará el poder y el control que siempre quiso?

El AMOR no tiene LÍMITES.

SOBRE LA AUTORA

Yanni Ayana es la presidenta de Yanni Ayana Media, LLC (Y.A.M.)

También es autora y maestra de la Biblia con un ministerio de radio que sigue bendiciendo a personas de todo el mundo. El objetivo de su ministerio en los medios de comunicación es enseñar el mensaje del reino de Dios con sencillez y comprensión.

El amor de Yanni por las historias bíblicas y la narración se expresa vívidamente en sus escritos y en su ministerio de enseñanza de la Biblia. El deseo de su corazón es que otros tengan una relación amorosa con Dios, a través de su fe en Su Hijo Jesucristo. Ella cree que esta relación es vital, para que Dios cumpla su plan original y el diseño para nuestras vidas.

www.ingramcontent.com/pod-product-compliance
Lightning Source LLC
Chambersburg PA
CBHW060349130626
46553CB00003B/1144